배려

Caring

나와 다른 사람 그리고 환경에 대하여 사랑과
관심을 갖고 잘 관찰하여 보살펴 주는 것

Giving love and attention to the world around me.

배려란 나와 다른 사람 그리고 환경에 대하여 사랑과 관심을 갖고
잘 관찰하여 보살펴 주는 것 [좋은나무성품학교 정의]입니다.

머 리 말

  이 책은 '배려'가 무엇인지 알고 생활 속에서 실천하면서, 멋진 성품의 리더가 되는 길을 가르쳐주는 책입니다.

  배려란 나와 다른 사람 그리고 환경에 대하여 사랑과 관심을 갖고 잘 관찰하여 보살펴 주는 것(좋은나무성품학교 정의)입니다. 사람들은 '당신은 소중한 사람이에요'라고 개별적인 메시지를 전달해 주는 리더를 따르고 공감을 형성합니다. 행복하게 성공한 리더들은 그들만의 특별한 비법이 있기 마련입니다.

  배려의 리더십을 발휘하는 사람들은 상대방이 어떤 고민을 갖고 있는지 잘 관찰합니다. 갖고 있는 부담이나 고민이 무엇인지 생각해 보고 자신이 도와줄 수 있는 것이 무엇인지 찾아봅니다. 잠깐 스쳐 지날 때도 격려를 잊지 않습니다. 기쁘게 인사하거나 어깨를 두드려주며 관심을 표현합니다. 얼굴과 얼굴을 맞대며 배려를 실천합니다.

  주위를 둘러보세요. 내가 생각 없이 무심코 내뱉은 말이 돌이킬 수 없는 관계를 만들기도 하고 생각 없이 행동한 것이 큰 오해를 부르는 것을 우리는 경험적으로 잘 알고 있습니다.

좋은 성품은 좋은 생각, 좋은 감정, 좋은 행동을 선택하는 것입니다.

  생각은 행동이 되고, 행동이 반복되면 버릇이 되고, 버릇은 습관이 되어 결국 성품이 됩니다. 그리고 그 성품은 바로 나의 운명이 되지요. 성품까지는 내가 만드는 것이지만, 성품은 운명이 되어 다시 나를 만듭니다.

그래서 좋은 성품을 연습하는 것이 중요합니다.

  기억하세요. 오늘 내가 보여주는 작은 배려는 상대방에게 큰 힘이 되어 기억됩니다.
기쁜 마음으로 부모님과 선생님, 친구들을 배려하는 행동을 선택해 보고 나의 친절이 다른 사람에게 어떤 기쁨이 될지 생각해 보세요. 잘 관찰하여 보살펴주는 구체적인 행동이 바로 배려의 리더십으로 나타납니다.

(사)한국성품협회 대표 이 영 숙 박사

목 차

10분 Happy Time

성품 수업을 시작할 때 10분씩 지시대로 말하고 늘 성품의 액션을 취해 보세요.
성품 수업이 없는 날에도 매일 10분씩 말과 행동을 반복해 보세요.
반복하여 생각하고, 말하고, 행동하다 보면 어느새 나도 좋은 성품의 모습을 가진
사람으로 변해 있을 것입니다.

Story Telling (ST)

주제성품에 관한 짧은 글입니다. 이야기를 읽으며 주제 성품의 정의, 태도를 구체적
으로 발견할 수 있게 됩니다.

Think Tank (TT)

질문에 대한 대답을 생각해 보고 글로 표현하다 보면, 내 생각 속에 주제성품의
의미를 정리할 수 있게 됩니다.

Real Action (RA)

활동을 적극적으로 실천해 보세요. 성품의 내용을 한 번 두 번 말하고 행동하다
보면, 습관이 되고 나의 성품으로 표현할 수 있게 될 것입니다.
옆에 있는 친구나 가족, 선생님과 함께 활동하면서 더 좋은 관계를 맺을 수 있습
니다.

배 려 란 ,

나 와 다 른 사 람 그 리 고 환 경 에 대 하 여 사 랑 과 관 심 을 갖 고
잘 관 찰 하 여 보 살 펴 주 는 것 [좋 은 나 무 성 품 학 교 정 의] 입 니 다 .

성품이 궁금해요 (Q&A)

성품에 대해 궁금해 하는 여러분들을 위해 성품에 대한 이해를 도울 수 있도록
이영숙 박사와 함께하는 성품 Q&A 시간입니다.

Break Time (BT)

재미있고 즐겁게 성품을 배우기 위한 다양한 활동을 통해 좀 더 가벼운 마음으로
성품에 대해 알고 실천할 수 있는 시간입니다.

배려실천노트

매일 매일 60일 동안 배려를 실천하는 습관을 키워보세요.
나와 다른 사람 그리고 환경을 행복하게 변화시킬 수 있습니다.

목차	주 제	영 역	활 동 내 용
1	**운명을 바꾸는 힘, 성품**	ST TT RA Q & A	아버지와 두 아들 두 아들의 선택과 나의 선택 나의 상황 바라보기 공감인지능력이란 무엇인가요?
2	**배려란 무엇일까요?**	ST TT RA Q & A	두 개의 바구니 불편한 서비스 나의 세심한 관찰이 필요한 사람은? 1분의 배려 광고 제작
3	**나를 위한 배려**	ST TT RA Q & A	꽃이 피었습니다 나를 위한 용기 나를 표현하는 TAPE 요법 자기 존중도 테스트
4	**배려하며 사는 세상**	ST TT RA Q & A	배려로 사는 세상 배려로 사는 세상, 배려가 사라지는 세상 내가 받고 싶은 배려 우리 반 배려 NEWS

목 차	주 제	영 역	활 동 내 용
5	따뜻한 세상을 만드는 방법	ST	33명의 칠레 광부
		TT	위기 속에서의 배려
		RA	우리 반 친구를 위한 Caring Day
		Q & A	내가 행복해지는 비결
6	지구를 지키기 위한 배려	ST	거대한 쓰레기 섬 '플라스틱 아일랜드'
		TT	위협 받고 있는 지구 환경
		RA	우리 교실, 우리 학교를 위한 Caring Day
		Q & A	배려의 태도는 어떻게 키울 수 있나요?
7	끊임없이 퍼져가는 사랑의 바이러스, 배려	ST	끊임없이 퍼져가는 사랑의 바이러스, 배려
		TT	앤 설리번과 헬렌 켈러의 배려
		RA	'WOW배려맨 활동'
		Q & A	배려의 유익, 배려를 잘 하려면 어떻게 해야 할까요?
8	영화 공감 '배려'	ST	굿바이 마이 프렌드(The Cure)
		TT	영화 속 배려의 모습
		RA	영화 댓글, 'WOW 배려맨'을 마치며
		Q & A	왜 배려의 성품이 중요한가요?

*ST(Story Telling), TT(Think Tank), RA(Real Action), Q&A(성품이 궁금해요), BT(Break Time)

10분 Happy Time

성품교육을 시작하기 전 10분씩 글을 읽으며 지시에 따라 말하고, 행동해 봅시다.

1. 성품 Action

손으로 머리를 쓰다듬으며 "나는 특별한 사람이야, 나는 특별한 사람이야."

손을 가슴에 대고 "나는 참 소중해, 나는 참 소중해."

손으로 얼굴을 감싸며 "나는 나를 사랑해, 나는 나를 사랑해."

손으로 어깨를 두드리며 "나는 할 수 있어, 나는 할 수 있어"

옆 친구를 바라보며 "너는 특별한 사람이야, 너는 특별한 사람이야."

다른 친구를 바라보며 "너는 나의 소중한 친구야, 너는 나의 소중한 친구야"

다른 친구를 바라보며 "너는 할 수 있어, 너는 할 수 있어."

선생님을 바라보며 "선생님 존경합니다. 선생님 존경합니다."

선생님이 학생들에게 "너희들은 내게 특별한 학생들이란다."

친구들과 손을 잡고 "우리 서로 사랑하며 지내자. 우리 서로 사랑하며 지내자."

2. WOW 배려맨!

• 특별한 나를 사랑하며 배려하자! 특별한 나를 사랑하며 배려하자

• 소중한 너를 사랑하며 배려할게! 소중한 너를 사랑하며 배려할게!

• 우리 교실, 우리 학교, 우리 동네, 우리 나라, 온 세상을 배려하자!

3. 인사로 나누는 배려의 성품

• 친구와 인사를 나누어 보세요. 반갑게 인사를 나누어주는 것! 친구를 위한 배려입니다.

• 선생님과 인사를 나누어 보세요. 따뜻한 미소, 반가운 목소리! 선생님을 위한 배려입니다.

• 최근에 나를 배려해준 우리 반 친구를 찾아가 인사를 건네보세요. 감사를 표현하는 것도 배려랍니다.

4. 배려와 관찰 게임

우리 반 친구들과 나는 어떤 공통점과 다른 점을 가지고 있는지 관찰해보세요.
친구들을 만나 질문을 주고받으며 서로의 공통점과 다른 점을 찾아보세요.
배려를 잘하는 사람이 되려면 상대방을 관찰하는 것이 필요합니다.

친구이름	공통점	다른 점

5. 배려 릴레이

배려하면 떠오르는 단어를 첫 번째 칸에 적어 보세요. 그리고 옆 칸으로 이동하면서 또 다른 단어들로 빈 칸을 채워보세요.

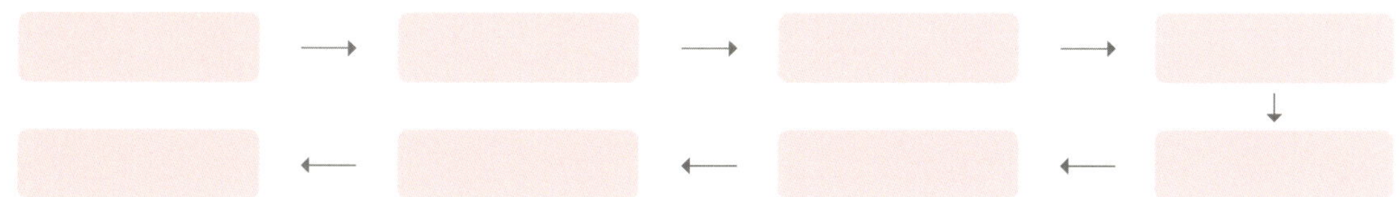

Opening Lesson

* 아래의 질문에 간단하게 답해봅시다.

1. 내가 생각하는 배려란 무엇입니까?

2. 배려의 반대말은 무엇이라고 생각합니까? 그 이유는 무엇입니까?

3. 누군가로부터 배려 받았던 경험이 있습니까?
   언제 누구로부터 어떤 배려를 받았나요? 배려를 받은 내 마음은 어땠나요?

4. 누군가를 배려했던 경험이 있습니까?
   언제 누구에게 어떤 배려를 했었나요?

미모의 아름다움은 눈만을 즐겁게 하나,
상냥한 태도는 영혼을 매료시킨다.
부드러움과 친절은 나약함과 절망의 징후들이 아니고,
힘과 결단력의 표현이다
– 칼릴 지브란 –

　미국의 어느 지방에 한 가족이 살고 있었습니다.

알코올 중독자인 아버지는 매일같이 술과 함께 시간을 보냈고 술을 마신 뒤에는 아내와 두 아들에게 심한 폭행을 일삼기도 했습니다. 두 아들들은 주변 사람들로부터 "알코올 중독자의 아들!"이라는 손가락질을 받았습니다.

　결국 집안은 파산하고, 아내는 집을 떠났고 두 아들도 각자의 길을 떠나 살아야 했습니다. 몇 년 후, 한 심리학자가 알코올 중독이 어린이에게 어떤 영향이 있는지에 대해 연구하던 중, 이 두 아들을 인터뷰하게 되었습니다.

　한 아들은 자신의 일에 성실하고 능력을 인정받는 금주가로 살고 있었고, 한 아들은 아버지의 모습을 그대로 닮아 술에 찌든 심한 알코올 중독자로 살고 있었습니다.

　심리학자는 두 아들에게 어떻게 지금의 모습으로 살아가게 되었는지를 물었습니다.

그런데 두 아들은 똑같은 대답을 했습니다.

"알코올 중독자인 아버지 때문입니다."

만약 당신의 아버지가 알코올 중독자였다면 당신은 어떻게 되었겠습니까?

우리는 살아가면서 많은 선택을 하게 됩니다. 같은 환경과 상황이라도 나의 선택 하나로 전혀 다른 인생을 살아갑니다.

　때로는 좋은 환경에서 태어난 사람들을 부러워하기도 하고 나에게 주어지지 않은 환경에 대해서 원망하거나 불평하며 살 때도 있습니다. 주어진 환경에서 내가 어떻게 생각하고 행동하느냐는 그 사람의 인생을 전혀 다른 방향으로 바꾸는 힘이 있습니다.

　여러분은 지금 어떤 생각과 어떤 행동을 하고 있습니까?

좋은 성품이란 좋은 생각, 좋은 감정, 좋은 행동을 선택하는 것을 말합니다.

　지금 여러분이 가지고 있는 생각, 감정, 행동을 좋은 생각, 좋은 감정, 좋은 행동으로 바꾸도록 노력해 보세요. 인생의 새로운 문을 열게 될 것입니다.

1. 알코올 중독자인 아버지를 둔 두 아들의 같은 점과 다른 점은 무엇인가요?

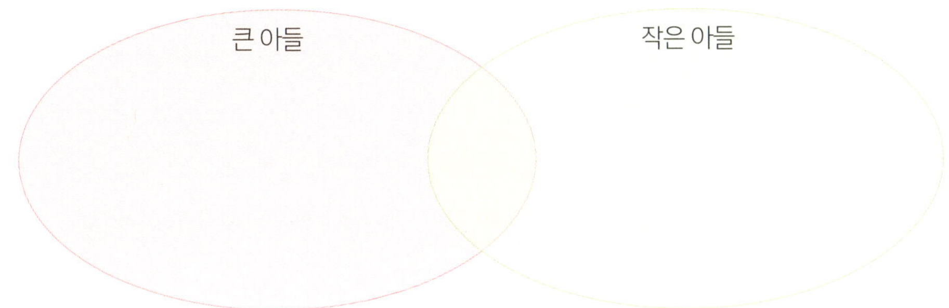

2. 내가 만약 알코올 중독자의 자녀였다면 어떤 생각과 행동을 선택했을지 생각해 보세요.

Real Action

1. 지금 내게 주어진 환경과 상황 중에서 내가 희망적으로 바라보아야 할 환경이 있습니까?
   희망적인 생각과 행동을 선택해보고 적어 보세요.

● 희망적으로 바라보아야 할 환경

● 나의 희망적인 생각과 행동

공감인지능력이란 무엇인가요?

 공감인지능력(Empathy)이란, 타인의 입장에서 문제를 생각하는 것입니다. 즉, 다른 사람의 기본적인 정서인 고통과 기쁨, 아픔과 슬픔에 공감하는 중요한 도덕적 정서를 말합니다.

 동정이 아니라 타인에 대한 이해를 바탕으로 할 때, 정서적 충격을 감소시켜주는 능력이 길러지게 됩니다. 따라서 공감인지능력을 소유한 사람은 다른 사람의 요구나 감정에 민감하고, 상처 입는 사람, 고통 받는 사람들을 어떻게 배려해 주어야 하는지를 잘 압니다. 우리가 옳은 행동을 할 수 있도록 도와주고 또한 다른 사람에게 혹은 그 밖의 환경을 함부로 대하지 않도록 도와줍니다.

공감인지능력을 키우기 위해서는 어떻게 해야 할까요?

1) 다른 사람이 아파하는 것을 알아차리고 안쓰럽게 여깁니다.
2) 다른 사람이 괴로워하고 있으면 다가가 위로합니다.
3) 다른 사람이 슬퍼할 때 함께 슬퍼해 줍니다.
4) 힘들어하는 사람이 있으면 격려합니다.
5) 다른 사람이 기뻐하면 함께 즐거워 해줍니다.
6) 다른 사람의 기분이 상하지 않도록 지저분한 환경을 치우도록 합니다.

 공감인지능력을 가진 사람들은 이렇게 말합니다.
"네가 무척 당황한 모양이구나."
"나도 네 마음을 알 것 같아."
"네가 슬퍼하니까 나까지 슬프잖아."
"네가 이기니까 너무 기뻐. 꼭 내가 우승한 것 같아."
"많이 아프겠구나. 나도 아파 봐서 알아."
"네가 있어서 난 너무 행복해."

> 배려하는 말과 행동을 통해 공감인지능력을 키울 수 있습니다.
> 공감하는 마음을 통해 더 행복한 세상을 만들어 갈 수 있습니다.

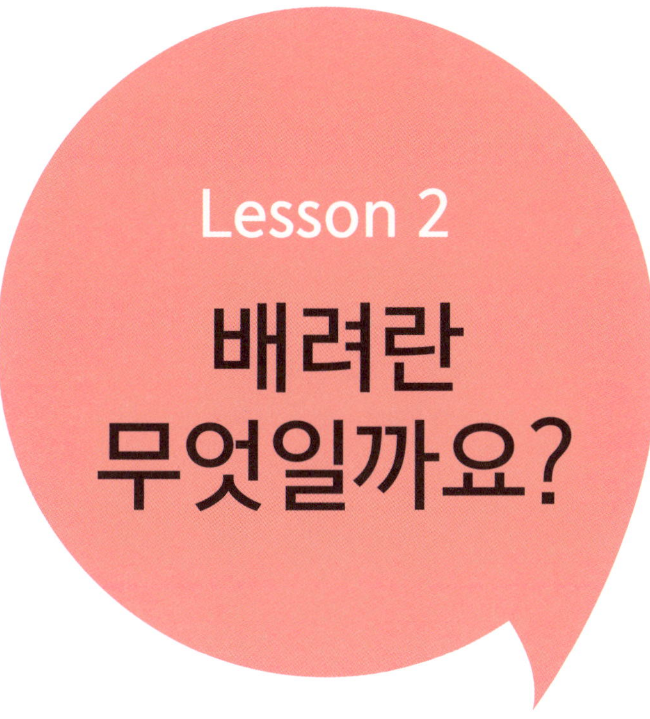

베풂은 기술이다. 그러므로 연습이 필요하다.
다른 사람과 나누지 않는다면
당신이 가진 물질적, 정서적 소유물은
아무런 소용이 없다.
– 마크 샌번 –

　김명수씨는 한 화장품 가게 매니저로 일하고 있습니다. 그는 언제나 그렇듯 매장을 방문한 손님에게 반갑게 다가갔습니다. 그러나 친절하게 다가오는 그를 반갑게 대해주는 손님들도 있지만 대체로 손님들은 불편한 내색을 비쳤습니다.

　손님들 역시 원치 않는 친절이 부담스럽고, 필요한 게 없어 그냥 가기엔 뭔가 불편합니다. 그러던 2016년 8월, 김명수씨는 생각 끝에 두 개의 바구니를 매장에 비치하기로 했습니다. 주황색과 녹색의 카드로 나누어 주황색 카드에는 '혼자 볼게요.'를 녹색카드에는 '도와주세요'라고 표시하였습니다. 그리고 각각의 바구니에 맞는 안내문을 비치하였습니다.

　'혼자 볼게요' 바구니를 드신 손님에게는 "편안하고 즐거운 쇼핑을 위해 방해하지 않겠습니다. 천천히 둘러보시고 언제든지 도움이 필요하시면 직원을 불러주세요"라는 안내 문구를 두었고, '도와주세요' 바구니 안내문에는 "도움이 필요하신 고객님께 꼭 맞는 좋은 제품을 추천해드릴 수 있도록 저희가 도와 드리겠습니다"라고 안내하였습니다.

　그런데 막상 바구니를 설치하고 난 후 그는 깊은 고민에 빠졌습니다. 손님들은 두 개로 나누어진 바구니 중 '혼자 볼게요.'라는 바구니를 더 많이 사용했기 때문입니다.

"혼자 볼게요 바구니를 든 손님에겐 접근조차 못하니까 오히려 손님을 너무 방치하는 것 아닌가 싶었어요. 매출도 떨어지면 어떡하지 걱정되었죠." – 매니저 김명수 씨

그런데 놀라운 일이 일어났습니다.
"솔직히 쇼핑할 때 좀 부담스럽긴 했었는데 아이디어 진짜 좋네요."
"진짜 직원과 손님 모두에게 좋은 똑똑한 아이디어!!!"
"오 이거 아이디어 좋은 것 같아"
　'혼자볼게요. 바구니'는 SNS에서 유저들의 격한 공감을 일으키며 방문자 수가 크게 늘었고 매출도 부쩍 올랐습니다. 모든 가게에 다 도입해야 해야 하는 댓글이 쏟아졌으며 이어 '전국 도입이 시급한 신문물'로 뉴스에 소개되었습니다. 해외 네티즌들도 "내성적인 사람들의 꿈", "우리 동네에도 이런 게 있었으면 좋겠다."라며 엄청난 반응을 보였습니다.

출처 : imgur 사이트

　손님들의 불편함을 쉽게 지나치지 않고 섬세하게 관찰했던 김명수씨의 작은 바구니 덕분에 부담스러워하던 손님도, 민망해하던 점원도 모두 편해졌습니다. 김명수씨의 '두 개의 바구니'는 바로 모두를 배려한 '배려의 바구니'로 모두의 공감을 얻게 되었던 것이지요.

　이 두 개의 바구니 소식이 소개된 뉴스(2017. 02. 10 SBS 모닝와이드)의 마지막 앵커의 멘트는 배려에 대하여 많은 것을 생각해 보게 됩니다.
"돌이켜보면 우리는 그저 약간의 배려가 필요했던 겁니다."

Think Tank

1. 자주 이용하는 곳에서 여러분은 어떤 불편함을 느낀 적이 있었나요?

2. 화장품 가게에 등장한 두 개의 바구니가 어딘가 더 필요하다면 그 곳은 어디일까요?

Real Action

1. 김명수씨의 작은 바구니에는 배려의 서비스 정신이 담겨 있었습니다. 매니저로서 배려해야 할 대상에 대한 세심한 관찰에서 비롯된 배려이지요. 여러분 주위에도 나의 세심한 관찰이 필요한 배려의 대상이 있답니다. 나의 세심한 관찰을 필요로 하는 배려의 대상에 대하여 생각해보세요. 서로를 공감할 수 있는 배려의 기쁨을 느낄 수 있답니다.

배려의 대상	관찰하기 위한 방법
	1.
	2.
	3.

'1분의 배려' 광고 동영상 만들기

　몇 년전 재미있는 공익광고가 있었습니다. 자장면 집에 들어온 세 아이들은 돈이 부족한 탓에 한 그릇만 주문하게 됩니다. 이것을 본 사장님이 아이들의 아버지 친구라면서 세 아이들에게 자장면을 한 그릇씩 시켜주었습니다. 아이들이 기분 나빠하거나 자존심이 상하지 않도록 배려하는 자장면집 사장님의 마음 씀씀이가 감동을 주었던 광고였습니다.

　이처럼 사람들이 한 번 더 배려를 생각하고 실천할 수 있도록 동기를 불어넣어 주는 '배려 광고'를 만들어 보세요.

한국방송광고진흥공사(www.kobaco.co.kr)에서 제작한 공익광고를 찾아 참고하세요.

	제목	제작연도
1	배려의 주인공	2017년
2	아기의 마음	2016년
3	타인배려 – 약사편	2014년
4	공공예절나이	2011년
5	세계예의지국	2010년
6	대한민국 천명에게 물었습니다.	2009년
7	당신의 악세사리	2008년
8	주장과 배려	2007년
9	1분의 배려	2005년
10	고맙습니다	2005년

신문 대신 던져주는 시간 6초
어르신과 함께 횡단보도 건너는 시간 23초
후배에게 커피 타주는 시간 27초
버스벨 대신 눌러주는 시간 4초
세상을 아름답게 하는 시간,
하루 1분이면 충분합니다.
– 1분의 배려, 2005년 제작 –

'1분의 배려' 광고 동영상 제작방법 

1. 1분이라는 시간 동안 배려의 성품을 담을 수 있도록 큰 주제를 정한다.
2. 효과적으로 주어진 시간 안에 표현 할 수 있는 구체적인 상황이나 경험을 설정한다.
3. 대사, 자막, 표어 등 어떤 형식으로 광고를 만들 것인지 기본 틀을 정한다.
4. 사람들에게 주제 내용을 효과적으로 전달하여 시선을 끌 수 있는 방법을 생각한다.

*스마트폰을 이용하여 동영상을 제작할 시 동영상 편집 어플을 이용하면 편리하게 만들 수 있습니다.

고귀한 정신을 지닌 사람은
사랑을 얻기 위해서가 아니라
사랑하기 때문에 행동한다.
– 토머스 오버베리 –

"꽃이 피었습니다."

어린 시절 놀이가 생각나는 이 문구는 미국의 로스엔젤레스 길거리 어느 한 벽에 한글로 새겨져 있습니다. 이 문구와 함께 스프레이로 그린 그림에는 한복을 입고 길가를 바라보는 흑인 여성이 꽃을 배경으로 고혹적인 옆 모습을 드러내고 있습니다.

이 그림은 스프레이 페인트로 낙서처럼 그림을 그리는 그래피티 라이터 심찬양씨(29세)의 작품입니다. 그래피티(graffiti)란 본래 낙서라는 뜻으로 스프레이 페인트를 이용해 주로 벽면에 큰 그림을 그리는 예술 행위 중 하나입니다. 힙합 문화가 일찌감치 발달한 미국에서는 40년 전통을 자랑하는 '아트'이지만 한국에서는 그다지 환영받지 못한 문화이기도 합니다.

그는 10년이나 한국에서 받아오던 그래피티에 대한 싸늘한 시선들을 떨쳐내고 '일단 부딪혀보자! 기회가 닿는대로 그려보는 거야' 라고 다짐하고 2016년 7월초 미국으로 떠났습니다. 무비자 체류기간을 꽉 채워 89일을 미국에 머물렀고 미국의 4개 도시를 돌며 보냈던 그 기간 동안 그는 '실패하더라도 본토에서 실패하자'는 마음으로 후회 없는 날들을 보내기 위해 최선을 다했습니다.

스프레이 페인트는 한국보다 두 배나 비쌌고 그림 그릴 벽을 찾기도 힘들었지만 '흔들리지 않고 피는 꽃이 어디 있으랴.'는 도종환 시인의 문구를 새겨 넣었습니다. 그리고 다른 그림에는 '이제는 나도 뭔가 할 수 있을 것 같아!' 라는 희망을 담아 '꽃이 피었습니다.'라고 새겨 넣었습니다.

"아름답네요."
"같이 작업하고 싶습니다!"

곧 그의 작품들이 화제에 오르기 시작했습니다. 짧은 체류기간 몇 개의 그림을 남겼을 뿐이었지만 그는 실력을 인정받아 미국의 그래피티 크루에 들어가게 되었고, 입국을 앞둔 9월에는 마지막으로 샌프란시스코의 한 공장 벽에 그림을 남겼습니다. 이번에는 흑인 소녀에게 한복을 입혔고 자신의 미

출처 : 2016.10.05 서울신문

래를 향한 희망을 담아 '너는 복이 될지라.'라는 글귀를 새겼습니다. 그의 바람대로 그의 소식은 미국의 뉴스 전파를 타게 되었고 한국에까지 소식이 전해졌습니다.

　그는 한국에 돌아와 수많은 인터뷰를 통해 "하고 싶은 일이 있다면 가장 즐겁게, 또 잘할 수 있는 것은 지금 도전해야 한다고 생각해요. 나를 위한 용기는 충분한 가치가 있고 분명히 나에게 열매를 돌려줘요. 내가 행복한 일에 뭘 더 망설일 필요가 있나요?"라며 대한민국 청소년들과 청년들에게 희망의 메시지를 전하였습니다.

　자기 자신이 좋아하는 것을 위해 포기하지 않은 그의 용기와 사랑은 칙칙했던 벽뿐 아니라 그의 인생에 '아름다운 꽃'을 피워냈습니다.

Think Tank

1. 심찬양씨가 89일 동안 미국에 머물며 남긴 그림에는 몇 개의 공통점이 있습니다 어떤 공통점이 있을까요? 찾아보세요.

2. 그가 그림을 통해 자기 자신에게 주었던 메시지는 무엇이었나요?

Real Action

1. 내가 좋아하는 것이 무엇인지 아는 것, 그것을 포기하지 않으려 희망을 새기는 것은 나를 사랑하는 것이고, 그 무엇보다 나를 위한 배려입니다.
   나를 소중히 여기는 마음을 담은 희망의 메시지를 TAPE 요법 카드로 표현해보세요.

자기 존중도 테스트

	질 문	그렇다	가끔	그렇지 않다
1	나보다 잘난 사람과 비교하는 경우가 많다.	2	1	0
2	누군가 나에게 부정적인 얘기를 한 것을 듣고 계속 생각한다.	2	1	0
3	다른 사람이 칭찬하면 얼굴이 빨개지며 아니라고 한다.	2	1	0
4	내 진짜 모습을 알게 되면 날 싫어할지도 모른다고 생각한다.	2	1	0
5	일이 잘못되면 일단 내 잘못인가 하여 가슴이 쿵 내려앉는다.	2	1	0
6	우울할 때가 한 달에 두 번 이상 있다.	2	1	0
7	모든 사람이 나를 좋아했으면 좋겠다.	2	1	0
8	나 자신에 대해 화가 날 때가 많다.	2	1	0
9	나 자신과 능력을 의심한다.	2	1	0
10	거울을 보기 싫어한다.	2	1	0
11	남들이 나를 어떻게 생각할까 신경쓰느라 제대로 의견을 말하지 못한다.	2	1	0
12	실수를 하면 사과하지만 속으로는 자신을 변명한다.	2	1	0
13	애정도의 기준은 상대방이 내게 얼마나 잘해주느냐에 있다.	2	1	0
14	외모에 대한 고민이 많다.	2	1	0
15	잘난 사람들을 보면 질투가 난다.	2	1	0
16	다른 사람들의 말에 풀이 죽어 있는 경우가 많다.	2	1	0
17	누군가에게 당한 모욕을 생각하다 잠 못 든 적이 있다.	2	1	0
18	모든 일을 완벽하게 하고 싶다.	2	1	0
19	'NO'를 말하는 것이 어렵다.	2	1	0
20	착하다는 얘기를 듣고 싶다.	2	1	0

35~40점 다른 사람의 반응에 신경 쓰고 싶지 않지만 마음처럼 잘 되지 않는 유형입니다. 자기와 대화하는 방법을 6개월 이상 지속해 보세요.

20~34점 자신에 대해 조금은 부정적인 유형입니다. 다른 사람들은 눈치채지 못하지만 본인은 스스로 만족하지 못하고 괴로워합니다.

10~19점 비교적 자신에 대해 긍정적인 편입니다. 매일 아침 거울을 보고 "파이팅~!"을 한 번 외치고 하루를 출발하세요.

0~9점 "난 정말 멋진 OO야~" 자기 존중감이 아주 높은 유형입니다. 이대로만 살아간다면 건강하고 자신감 있는 삶을 살 수 있습니다.

易地思之(역지사지)
易 : 바꿀 역 /地 : 땅 지 /思 : 생각할 사 /之 : 갈 지
상대편의 처지나 입장에서 먼저 생각해보고 이해하라는 뜻

도와달라는 말을 듣고 도와주는 것도 좋은 일이지만,
도움을 청하기 전에 미리 알아서 도와주는 것은 더욱 좋은 일이다.
– 칼릴 지브란 –

Story Telling 배려로 사는 세상, 배려가 사라지는 세상

매일처럼 쏟아지는 수많은 뉴스들, 그 많은 소식들에는 우리의 마음을 따뜻하게 만드는 아름다운 소식이 있기도 하지만 때로는 잔인할 정도로 서늘한 소식을 접할 때도 있습니다. 다음의 기사들을 통해 우리가 사는 세상에 필요한 배려와 배려가 사라진 세상의 모습은 어떠한지 함께 느껴 보시기 바랍니다.

무관심이 낳은 비극 ①

생방송 중 쓰러진 여성 '무관심 속 사망' (2017. 01. 05 OBS 뉴스)

미국 아칸소 주의 25세 여성 케이아나 헌던은 자신의 집에서 페이스북 라이브 방송을 하고 있었다. 그러다 갑자기 경련을 일으키며 쓰러졌고 그녀 옆에 있던 한 살배기 갓난아이는 울음을 터트렸다.

이 모든 장면이 라이브 방송을 통해 생중계됐지만 이를 지켜보던 어느 누구도 경찰이나 병원에 전화하지 않았다. 친구가 집에 찾아올 때까지 30분간 방치된 헌던은 결국 숨을 거두고 말았다. 무관심만큼 무서운 건 없다.

무관심이 낳은 비극 ②

무관심이 '2차 뺑소니' 참극 불렀다. (2017. 01. 23 국제신문)

새벽 시간대 횡단보도를 건너던 30대 여성이 덤프트럭에 치여 도로에 쓰러졌지만 아무도 구호 조치나 신고를 하지 않은 채 현장을 떠났다. 이때문에 보행자는 뒤따르던 차량에 깔리는 2차 사고를 당했다. 이웃의 무관심 탓에 두 번의 뺑소니를 당한 이 여성은 결국 현장에서 숨졌다.

경찰이 확보한 사고 당시 CCTV를 보면 두 번째 운전자가 사고를 내기 직전 차량 두 대가 쓰러진 유 씨를 발견하고 각각 좌우로 피해서 주행했다. 1차 사고 후 검은색 승용차가 쓰러진 유 씨를 발견하고 속도를 늦췄지만 정차하지 않고 옆으로 지나쳤다. 이 때문에 택시를 뒤따르던 차량이 유 씨의 몸 위를 그대로 지나쳤다. 앞선 두 차량이 정차하거나 뒤 차량에 경고 신호를 보냈다면 2차 사고는 막을 수 있었던 셈이다.

도마 · 보도블록 던져…
이웃끼리 원수 되는 '층간 소음' (2017. 03. 07 중앙일보)

아파트 내 층간 소음으로 갈등을 겪다 이웃간 폭력을 행사해 법원이 징역형을 내린 사건을 소개한다.

  A씨는 지난해 7월 7일 오후 10시 20분쯤 대전 유성구 한 아파트 13층 자신의 집에서 위층에 사는 B(48)씨 집에서 시끄러운 소리가 난다고 생각해 도마로 천장을 수차례 두드렸다. 이에 도마는 부러졌고 부러진 도마 조각을 들고 B씨 집이 있는 14층으로 올라갔다. 때마침 복도에 나와 있던 B씨를 목격하자 오른쪽 머리 부위를 도마 조각으로 내리쳤다.

  층간 소음문제로 다투던 남성에게 보도블록을 던진 혐의(상해 등)로 기소된 C(33 · 여)씨는 징역 2년을 선고 받았다. C씨는 지난 2015년 10월 19일 오후 6시 10분쯤 대전의 한 아파트에서 층간 소음에 불만을 품고 D(58)의 집에 찾아가 초인종을 3~4차례 누른 뒤 계단 아래에서 기다리고 있다가 D씨가 현관문을 열자 욕설을 하며 보도블록을 던진 것으로 파악됐다.

'감히 내 앞에 끼어들어?'
보복운전하고 추돌한 40대 택배운전사 검거 (2017. 03. 07 부산일보)

차량이 갑자기 끼어들었다는 이유로 보복운전을 하고 추돌사고를 일으킨 40대가 경찰에 붙잡혔다.
  부산 해운대경찰서는 보복운전 끝에 추돌사고를 일으킨 혐의(특수상해)로 A(44) 씨를 6일 불구속 입건했다.
  A씨는 지난달 22일 오전 11시 30분 해운대구 반여동 한 중학교 앞 도로를 달리던 중 B씨의 차가 갑자기 자신의 차선을 끼어들자 B씨의 차량을 500m가량 뒤 쫓아가 차량을 들이 받았다.

베이비 박스를 아시나요? (2016. 09. 23 네이버 포스트 남양유업)

어디선가 들어는 봤으나 익숙하지 않은 베이비 박스!

베이비 박스는 아기를 위한 박스도 아닌 아기 용품을 넣어 파는 박스도 아니다. 베이비박스는 불가피한 사정으로 아이를 키울 수 없게 된 부모들이 아이를 맡길 수 있도록 마련된 박스이다.

국내에서는 2009년 12월 주사랑공동체교회의 이종락 목사 부부가 최초로 베이비박스를 설치해 현재까지 운영 중에 있다. 2010년 이후 급속도로 영아유기 범죄가 증가하면서 이 문제를 해결하기 위해 한국을 포함 20개국에서 베이비 박스는 운영되고 있다.

주사랑공동체에서 운영하고 있는 베이비 박스는 2016년까지 949명의 생명을 살렸고, 한 달 평균 15명의 생명을 살렸다. 또한 베이비 박스에 아이를 두려고 한 부모들의 15 ~ 20%가 상담을 통해 마음을 돌려 아이와 함께 지내게 되었다.

마음에 불지른 영등포 소녀들 (2016. 11. 25 스브스뉴스)

사건의 발단은 2016년 10월 28일 시장에 다녀온 R씨가 트위터에 올린 글이 시작이었다.

영등포 달시장에서 초등학교 4,5학년쯤 되어 보이는 여자 아이들이 자신들이 만들었다는 엽서를 들고 다가와 "이걸 팔아서 길고양이 급식소를 만들 거예요." 라고 했다, 500원짜리 4장을 샀더니 입양을 기다리는 유기견과 고양이들 사진을 보여주었다.

이 글은 1만여명의 마음이 따뜻해지다 못해 화상을 입었다. 부쩍 추워진 요즘, 사람들의 마음에 불지르고 다니는 방화범들은 다름 아닌 문래중학교 1학년 소녀들이다.

길고양이 급식소를 만들기 위해 직접 엽서를 그려 시장에서 판매한 학생들은 청소년센터에서 '버려진 동물' 수업을 듣다가 유기동물을 위해 겨울 집을 지어주면 좋겠다고 생각했고. 그러다 버려진 고양이들을 엽서에 그려 팔면 어떨까 생각하게 되었다고 한다. 엽서에 그려진 동물들은 실제 유기 동물을 모델로 그린 것이다.

"혹시나 강아지, 고양이를 키우고 싶은 분이 있다면 새 아이만 보지 말고 버려진 동물도 한번 봐주시면 감사하겠습니다." - 문래중 1학년 최희우학생

끝까지 마음에 불을 지른 영등포 소녀들.
추운 우리 마음에 따뜻한 불을 지펴주어 고맙습니다.

"경비실에 에어컨 달아드리자"
수원 한 임대아파트의 훈훈한 풍경 (2016. 06. 24 서울경제)

경기 수원의 한 임대아파트에서 경비실에 에어컨을 설치하자는 모금운동을 펼친 벽보가 화제다. 이 벽보는 동대표 신찬수(38) 씨가 '경비실 에어컨 설치 참여 안내'라는 내용으로 붙인 것으로 알려졌다.

"4년 전에 이사 와서 보니까 경비실에는 에어컨이 따로 있지 않았다. 우리 아파트는 경비실 하나가 3개동을 맡고 있으니 조금씩만 모금하면 될 것 같아 벽보를 붙이게 됐다"라고 전했다.

주민들이 자발적으로 참여하여 십시일반 돈을 모아 일주일새 16만원이 조금 넘는 모금이 모였다. 서로를 위하는 작은 배려의 마음이 모인 결과다.

달리면 달라지는 것들 (2016.10. 25 스브스 뉴스)

"그저 평범한 대학생이었던 제 삶은 '달리기'로 완전히 달라졌어요. 기록을 재며 달린 거리만 벌써 3,000km. 그저 달렸을 뿐인데 생각지도 못했던 인연이 생겼고 2,000만원이 넘는 돈도 생겨, 도움이 필요한 사람들과 함께 나눴습니다. 저는 달리면서 돈을 기부하는…기부러너(Runner) 김승훈입니다."

김승훈씨는 기부러너 말 그대로 달리며 기부하는 사람이다. 그는 군 시절 6개월 동안 연병장에서 1,000km를 달리며 난민 어린이들을 위해 기부한 것이 시작이었다. 그리고 이 기부 활동은 여러 신문에 소개 되었다. 그는 이 일을 계기로 "달리는 것만으로도 세상에 선한 영향력을 줄 수 있겠구나"라는 생각이 들었다.

"기부러닝이 주는 쾌감은 뛰어본 사람만 알아요. 힘들어도 끝까지 달린 성취감과 내 노력으로 누군가 도울 수 있다는 보람이 한꺼번에 밀려와요. 이후 제게 '달리기'는 운동 이상의 의미가 됐어요. 제가 달린 거리만큼 기부를 실천하겠다는 후원자도 나타났어요." 김승훈씨는 기부러닝을 시작한 뒤 달릴 때마다 살아있음을 느낀다고 한다.

 # Think Tank

1. 기사를 읽고 어떤 생각이 들었나요?

2. 우리가 사는 세상에서 배려가 사라져가는 이유는 무엇일까요?

3. 우리 사회에 필요하고 나누어야 하는 진정한 배려는 무엇이라고 생각하나요?

 # Real Action

1.사회로부터 여러분은 어떤 배려를 받고 싶나요? 내가 받고 싶은 배려의 목록을 적어 보세요.

2. 친구들에게는 어떤 배려를 받고 싶은지 구체적으로 적어보고 친구들과 이야기 나누어 보세요.

Break Time

우리 반 배려 NEWS

배려를 실천한 이야기들을 모아 '우리 반 배려 NEWS'를 만들어 보세요.
우리 반에서 배려를 실천했던 친구 '배려맨'을 인터뷰를 하여 기사를 작성해보거나 배려를 통해 느낀 소감 등을
모아 한줄 뉴스로 구성해도 좋습니다.

이름	배려를 한 경험 또는 배려를 받았던 소감 한마디

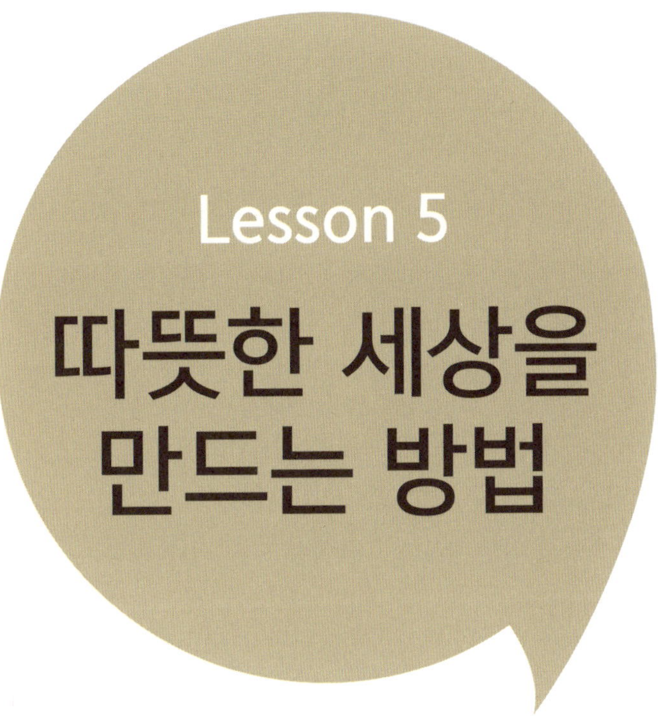

자기에게 이로울 때만 남에게 친절하고 어질게 대하지 말라.
지혜로운 사람은 이해관계를 떠나서
누구에게나 친절하고 어진 마음으로 대한다.
왜냐하면 어진 마음 자체가 나에게 따스한 체온이 되기 때문이다.
– 파스칼 –

2010년 8월 5일, 칠레의 수도 산티아고에서 북쪽으로 800㎞ 떨어진 도시 코피아포의 산호세 광산이 큰 굉음과 함께 무너졌습니다. 광산 지하 450m에서 작업하던 광부 33명이 그 안에 함께 매몰되었습니다. 많은 언론들은 그들이 광산 매몰 당시 숨졌거나, 살았다 하더라도 식량과 물도 없는 지하 깊은 곳에서 33명 모두 사망했을 것이라고 추측했습니다.

하지만 칠레 정부와 회사는 포기하지 않고 구조작업을 계속해 나갔습니다. 매몰된 33명은 어둠의 공포, 생존에 대한 불안 속에서 살아나갈 희망이 사라져가자 가족들에게 유서를 쓰며 삶을 정리하고 있었습니다.

구조작업이 시작된지 17일째, 구조작업을 위해 드릴로 터널을 만들던 중 33명 전원이 살아있다는 것을 확인하고 구조작업은 더욱 박차를 가했습니다.

산호세 광산 근처에는 희망캠프가 만들어져 많은 사람들이 구조 작업을 응원하고, 생존자들이 끝까지 살아나오길 간절히 바라는 마음으로 기다렸습니다.

매몰된 광산 안에서는 좌절과 공포, 그리고 열악한 환경 속에서도 희망의 끈을 놓지 않고 33명이 서로를 배려하며 하루하루를 지냈습니다.

광부들은 날마다 엄격한 규율에 따라 행동하고, 함께 기도하고 토론하면서 삶을 이어갔습니다. 팀을 이루어 대피소 공간의 위험 요소들을 제거하기도 하고, 어떤 사람은 조명 장치를 만들어 낮과 밤을 구분하기도 하고, 어떤 사람은 하루하루 활동을 기록으로 남기기도 했습니다. 서로에게 웃음을 주기 위해 즉석에서 연기도 하고 우스갯소리를 늘어놓는 사람도 있었고, 수년간 의학서를 탐독하고 의사가 꿈이었던 한 사람은 주치의 역할을 하며 광부들의 건강을 돌보았습니다. 환경 조사원이 되어 휴대용 컴퓨터 장비로 광산 안의 산소와 이산화탄소 농도, 기온을 측정하는 사람도 있었습니다.

이렇게 33명의 광부들은 처해진 환경과 상황에서 서로를 배려하며 생활했습니다. 때로는 식량이 부족해 쓰러지기도 하고, 광산안의 오염된 물을 먹고 토하기도 하고, 숨쉬기 조차 어려울 때가 있었지만 서로에게 용기를 주고, 서로를 배려하기를 멈추지 않았습니다.

구조되기 직전에도 한 사람씩 탈 수 있는 '불사조' 캡슐을 가장 마지막에 타겠노라고 서로 양보할 정도였습니다. 그들은 생사의 기로에서도 인간이 가질 수 있는 최대한의 배려를 실천했습니다.

　69일째 되는 날, 구조 작전 22시간 만에 33명 모두가 광산 밖으로 나와 그들을 기다리던 많은 사람들 앞에 모습을 드러냈습니다. 기적같은 생환으로 그들은 모두 영웅이 되었습니다. 또한 매몰된 광산 안에서 69일 동안 생활했던 모습은 많은 사람들로 하여금 삶에 대해 배려의 중요성을 다시 한 번 생각하게 했습니다.

 ## Think Tank

1. 칠레 광부들은 캄캄한 광산 안에서 어떻게 서로를 배려했나요?

2. 칠레 광부들이 죽음의 위기 속에서 서로를 배려했던 행동을 통해 깨달은 것은 무엇인가요?

3. 다른 사람을 배려한다는 것은 나에게 어떤 의미가 있는지 생각해 보세요.

 ## Real Action

1. 내가 우리 반 친구들을 위해 할 수 있는 배려는 어떤 것이 있을까요?
   내가 가지고 있는 특별한 재능을 소개하며 그것을 가지고 친구들을 배려할 수 있는 방법이 무엇인지
   함께 이야기 나누어 보세요.

이 름	나의 장점, 재능	친구들을 배려할 수 있는 방법
우리 반 친구를 위한 Caring Day ♥		

내가 행복해지는 비결

1998년 미국 하버드 의대에서 봉사활동과 건강과의 상관관계를 실험했습니다. 실험 결과 테레사 수녀처럼 남을 돕고 봉사하는 모습을 보기만 해도 우리 몸안에 병균과 싸워 이길 수 있는 항체가 생겨 면역기능이 크게 향상된다는 사실을 밝혀냈습니다.

하버드 의대 연구팀은 먼저 하버드 학생들의 **IgA** 수치를 조사했습니다. **IgA**는 사람의 침에서 발견되는 면역 항체 중 하나로 박테리아나 바이러스의 침입에 대해 가장 먼저 외부에서 세포를 보호합니다. 그런데 근심이나 긴장상태가 지속되면 침이 마르면서 이 항체가 줄어들게 됩니다.

이어 학생들에게 테레사 수녀의 일대기를 그린 영화를 보여주고 수치 변화를 비교했습니다. 실험결과는 놀라웠습니다. 단지 영화를 본 것뿐인데도 학생들의 IgA 수치는 크게 상승된 것으로 나타났습니다. 바로 이런 효과를 평생 사랑과 나눔을 실천한 마더 테레사의 이름을 따서 '테레사 효과(Teresa Effect)' 라고 부릅니다. 반대로 학생들에게 나치의 유대인 학살 영화를 보여준 후 똑같이 IgA 수치변화를 비교해 보았습니다. 하지만 이번에는 항체가 전혀 생겨나지 않았습니다.

미국 미시간대학 사회연구소의 스테파니 브라운 박사는 다른 사람을 돕지 않는 노인은 다른 사람을 돕는 노인보다 일찍 숨질 가능성이 두 배나 높다는 사실을 발견했습니다. 그는 1987년부터 423쌍의 노년 부부를 무작위로 뽑아 5년 동안 이들이 노년의 삶에 어떻게 대처하는지를 연구하고 친구, 친척, 이웃에 어떤 도움을 주는지 또는 어떤 도움을 받는지를 조사하여 사망률과 비교했습니다.

이 기간에 숨진 134명의 나이, 성, 건강 등 여러 요인을 감안해 분석한 결과, 남을 돕는 사람이 그렇지 않은 사람들보다 오래 산 반면, 남에게 도움을 받은 사람은 오래 사는 것과 관련이 없었습니다. 브라운 박사는 "남에게 도움을 주는 것이 장수의 비결"이라고 결론지었습니다.

다른 사람을 배려하고 돕는다는 것은 그 사람에게 유익을 줄 뿐 아니라
나의 삶을 더욱 행복하고 풍요롭게 만드는 비결이기도 합니다.
나와 다른 사람 그리고 환경에 대하여 사랑과 관심을 갖고 잘 관찰하여 보살펴 주는
배려의 성품으로 더욱 건강하고 아름다운 삶을 살게 되길 기대합니다.

Lesson 6

지구를 지키기 위한 배려

우리는 입을 모아 자연을 칭송할 뿐,
자연과 함께 살아가는 시간은 너무 적다.
– 오스카 와일드 –

인류가 만들어낸 화학물질 중에서 가장 히트 상품은 '플라스틱'입니다. 그 이유는 여러 형태로 가볍고 저렴하게 가공이 가능하다는 편리함 때문이지요. 1997년 하와이에서 열린 요트 경기에 참여하기 위해 LA로 가던 미국인 찰스 무어는 북태평양 한 가운데서 신기한 '플라스틱 더미'를 만나게 되었습니다. 바로 쓰레기 섬 '플라스틱 아일랜드 (plastic island)입니다.

섬은 하루가 다르게 커지고 있는데 그 크기는 한국의 14배나 되며 '제7의 대륙'이라 불릴 정도입니다. 이 섬은 지금도 커지도 있는데 그 이유는 일회용 플라스틱 제품의 과잉생산과 과잉소비 때문입니다. 게다가 생태계 파괴까지 쓰레기 섬은 심각한 문제를 낳고 있습니다.

이 막막한 문제에 대하여 '혁신적인' 해결책을 제시한 스물세 살 청년이 있습니다. 2014년 유엔환경계획(UNEP)이 수여하는 '지구환경대상'의 역대 최연소 수상자인 '보얀 슬랫(Boyan Slat, 오션클린업(oceanxleanup)의 창립자, CEO)'입니다.

보얀은 스무 살인 2012년 바다 쓰레기를 청소하고 말겠다는 독특한 창업 정신으로 '오션클린업'을 창립하였습니다. 16살 때 2011년 그리스에서 다이빙을 하다가 물속에서 '쓰레기장'을 보게 된 이후 보얀의 생각은 온통 '바다 쓰레기 청소'뿐이었습니다. 고작 중학생의 나이에 갖게 된 바다 쓰레기에 대한 집착은 크라우드 펀딩을 통해 놀랍게도 220만 달러 (약 24억)의 자금을 모으게 되었습니다.

태평양의 쓰레기 섬을 발견한 찰스 무어가 TED 동영상에서 '플라스틱은 한곳에 머물러있지 않고 계속 움직인다. 이게 바로 플라스틱 쓰레기를 청소하지 못하는 이유 중 하나이다.'라는 말을 듣고 배를 타고 나가 쓰레기를 수거하려던 생각을 접고 '해류 소용돌이(Gyre)을 이용해 쓰레기를 끌어들이는 방식의 '간접적 청소(passive cleanup)을 생각해냈습니다. 그리고 이 방식이면 10년 이내에 태평양 쓰레기 섬의 절반을 청소할 수 있다는 사실도 과학적으로 증명했지요. 또한 이 수거한 플라스틱을 이용한 수익까지도 창출할 수 있는 구조도 마련했습니다.

보얀은 해류와 바다에 설치할 플라스틱 막대인 부유식 배리어(floating barrier)를 이용한 시범 운영을 마친 뒤 2017년 일본과 한국 사이의 해류가 빠른 바다에 2km 정도 길이의 대형 배리어를 설치하려는 계획을 갖고 있습니다.

이제 스물 셋인 보얀의 바다 쓰레기 수거 작전을 우려하며 바라보는 해양 과학자들도 있습니다. 그러나 그는 "저는 바다를 사랑해요. 그리고 늘 새로운 문제에 부딪혀요. 하지만 어떤 우려가 있는지 이야기해 주었으면 좋겠어요. 저희에게 정말 도움이 될 거에요."라며 여전히 바다 환경을 지켜내고 있습니다.

보얀은 한국의 청소년들에게 "세상을 변화시키려는 의지가 중요합니다. 내가 학생이라는 이유로 이 일을 포기 했다면 태평양 쓰레기는 지구환경과 우리를 영원히 위협했을 거에요." 보얀의 쓰레기 수거 작전 이야말로 지구환경을 지키려는 사랑과 관심에서 비롯된 '배려'가 아닐까요?

Think Tank

1. 여러분은 지구 환경이 위협을 받고 있다는 것을 느끼고 있나요? 어떻게 느끼고 있나요?

2. 미세 플라스틱으로 인해 해양 생태계가 파괴되고 있다는 것을 알고 있나요? 플라스틱은 오랜 시간 햇빛에
   노출되면 잘게 부스러지는데 해양생물들은 먹잇감으로 오해해서 삼켜 버리기 때문입니다. 플라스틱 사용을
   줄여 지구를 배려할 수 있는 방법은 없을까요?
   실천할 수 있는 방법을 구체적으로 적어보고 오늘부터 실천해봅시다.

지구를 배려하는 플라스틱 사용 줄이기 방법

Real Action

우리 반 교실과 학교를 배려하는 날을 정해 보세요.
선생님, 친구들과 함께 교실과 학교 환경을 배려할 수 있는 구체적인 방법을 계획해 보세요.
그리고 그것을 실천하고 느낀 점을 나누어 보세요.
(한 달에 한 번 또는 두 번 'Caring day'를 만들어 지속적으로 실천해 보세요.)

우리 교실, 우리 학교를 위한 **Caring Day** ♥	1. 날짜 2. 배려의 실천 방법 3. 평가 및 느낀 점

배려의 태도는 어떻게 키울 수 있나요?

배려의 태도를 키우기 위해서는 상대방의 말과 행동을 잘 관찰하여 듣고 보는 '경청의 태도'와 다른 사람의 기분을 이해하고 상냥하게 대하는 '긍정적인 태도', 그리고 어려움 속에서도 불평하지 않고 즐거운 마음을 유지하는 '기쁨의 태도'가 필요합니다.

1. 다른 사람의 말과 행동을 잘 관찰하여 듣는 경청의 태도가 필요합니다.

경청이란 '상대방의 말과 행동을 잘 집중하여 들어 상대방이 얼마나 소중한지 인정해 주는 것'입니다(이영숙, 2005). 경청의 바른 자세는 상대방에게 집중하는 태도를 보여주기 때문에 상대방이 존중받고 있다는 느낌을 받습니다. 또한 상대의 말에 반응하며 상대의 말을 요약하며 듣는 것은 올바른 경청의 자세라고 할 수 있습니다. 이야기한 것을 잘 기억할 수 있도록 기록하면서 듣고, 모르는 내용이 있으면 질문을 합니다. 경청한다는 것은 말하고 있는 상대를 존중한다는 표현이므로, 다른 사람에게 배려를 잘하기 위해서는 이처럼 경청하는 태도가 우선적으로 필요합니다.

2. 다른 사람의 기분을 이해하고 상냥하게 대해 주는 긍정적인 태도가 필요합니다.

긍정적인 태도란 '어떠한 상황에서도 가장 희망적인 생각, 말, 행동을 선택하는 마음가짐'입니다 (이영숙, 2005). 다른 사람을 배려하는 것은 다른 사람을 기쁘게 하려는 기본적인 동기에서 시작합니다. 상대방에게 필요한 것이 무엇인지 생각해 보고, 긍정적인 태도로 상냥하게 대해주는 자세가 필요합니다.

3. 어려움 속에서도 불평하지 않고 즐거운 마음을 유지하는 기쁨의 태도가 필요합니다.

기쁨이란 '어려운 상황이나 형편 속에서도 불평하지 않고 즐거운 마음을 유지하는 태도'입니다(이영숙, 2005). 다른 사람을 돕는 것이 기쁜 것이라는 가치관을 마음속에 갖는 것입니다. 내가 조금 손해를 보아도 어려운 사람을 도울 수 있다는 기쁨의 태도에서부터 배려가 시작됩니다.

4. 다른 사람을 위해 생각한 것을 기쁘게 행동으로 옮기는 태도가 필요합니다.

상대방을 위해 '이렇게 해 주면 좋을 거야'라고 생각만 하고 행동으로 옮기지 않는다면 소용없는 일입니다. 진정한 배려는 생각한 것을 실천하는 것입니다. 소리 나지 않는 종은 종이 아니듯, 행동이 없는 사랑은 사랑이 아니라는 점을 기억해야 합니다.

Lesson 7

끊임없이 퍼져가는 사랑의 바이러스, 배려

조그마한 친절이, 한 마디의 사랑의 말이
저 위의 하늘나라처럼 이 땅을 즐거운 곳으로 만든다.
- J.F.카네이 -

미국의 한 보호소에 앤이라는 이름의 소녀가 있었습니다. 앤의 어머니는 결핵으로 일찍 세상을 떠났고, 아버지는 알코올중독자로 항상 앤의 남동생을 모질고 혹독하게 대했습니다. 앤과 남동생은 보호소에 맡겨지게 되었고, 그곳에서 남동생은 병을 앓아 죽고 말았습니다.

그 후 앤은 결막질환에 걸려 두 눈의 시력을 모두 잃게 되었습니다. 사람들을 두려워한 나머지 자신을 도와주려는 손길에 폭력적으로 반응하게 되었습니다. 결국 담당 의사마저도 앤을 포기하고, 앤은 구석진 병실을 우두커니 지키고 있을 뿐이었습니다.

그러던 중 은퇴한 간호사 로라가 자원봉사를 나왔다가 앤을 발견했습니다. 앤의 가슴 아픈 이야기를 알게 된 간호사는 병원에 강력하게 항의했지만, 병원으로부터는 더 이상 어떻게 할 도리가 없다는 말만 돌아올 뿐이었습니다. 그러나 간호사는 확신에 찬 목소리로 말했습니다. "이 아이는 꼭 고쳐질 겁니다. 그래서 훌륭한 사람이 되어 많은 사람에게 봉사하게 될 것입니다."

그날부터 간호사는 앤에게 사랑과 관심을 갖고 잘 관찰하며 보살펴 주기 시작했습니다. 쓰다듬는 손길에도 발버둥을 치는 앤에게 피부와 피부를 접촉하며 따뜻한 사랑을 전하고, 아무 반응도 보이지 않는 앤에게 관심을 보이며 쉴 새 없이 대화를 이어나갔습니다. 이러한 간호사의 극진한 배려로 앤은 마음의 병을 이겨내고 실명된 눈도 점차 회복 되었습니다. 이 이야기는 바로 헬렌 켈러의 위대한 스승 앤 설리번의 이야기입니다.

시력을 되찾은 앤은 학교를 최고우등생으로 졸업하고, 그 다음 해에 헬렌 켈러의 가정교사로 일하게 되었습니다. 보지도 못하고, 듣지도 못하고, 말하지도 못하는 헬렌에게 인내와 창의성의 성품을 발휘하여 완벽한 언어를 사용할 수 있도록 가르쳤습니다. 그뿐 아니라 50년이란 긴 시간동안 헬렌이 어디를 가든 함께하며 사랑과 관심을 갖고 잘 보살펴주었습니다.

하버드대학에 진학한 헬렌을 위해 앤은 그녀가 졸업할 때까지 모든 수업을 함께하며 헬렌의 손에 강의 내용을 적어주었습니다. 앤의 배려 덕분에 헬렌은 보지도, 듣지도, 말하지도 못했지만 절망하지 않고 인생을 살아나갈 수 있었습니다. 헬렌 켈러는 시청각장애인으로서는 미국 역사 최초로 학사학위를 취득했습니다. 그녀는 졸업식에서 뜨거운 눈물을 흘리며 이렇게 말했습니다.

"우리가 할 수 있는 최선을 다할 때, 우리의 삶과 타인의 삶에 어떤 기적이 일어나는지 아무도 모를 것입니다!"

앤의 헌신적인 배려 덕분에 세상의 희망이 될 수 있었던 헬렌 켈러는 언제나 나와 다른 사람 그리고 환경에 대하여 사랑과 관심을 갖고 잘 관찰하여 보살펴 주는 배려의 삶을 살아가게 되었습니다.

이처럼 배려의 성품이 있는 곳에는 사랑이 피어나고, 사랑은 또 다른 배려로 열매 맺으며 끊임없이 퍼져갑니다.

세상을 변화시키는 조용하지만 강력한 성품, 이것이 바로 배려의 힘입니다.

Think Tank

1. 앤 설리번이 헬런 켈러를 50년 동안 인내와 책임감으로 보살필 수 있었던 이유는 무엇일까요?

2. 로라 간호사와 앤 설리번이 가지고 있던 공통된 배려의 행동은 무엇일까요?

Real Action

1. WOW 배려맨!
   친구들과 함께 'WOW 배려맨!' 활동을 해 보세요.

방법

> 1) 우리 반 친구들의 이름과 연락처를 적은 종이를 준비합니다.
>   (종이 한 장에 한 명의 이름을 적습니다.)
> 2) 종이를 한 장씩 뽑습니다.
> 3) 뽑은 종이에 적힌 친구의 이름과 연락처를 잘 기억합니다. 그리고 친구들에게 모두 비밀로 합니다.
> 4) 일주일 또는 일정한 기간을 정한 후 그 기간동안 몰래 'WOW 배려맨'이 되어줍니다. 도움이 필요할 때 몰래 도와주고, 친구의 필요가 무엇인지 잘 관찰하여 배려합니다.
> 5) 틴틴스쿨 다음 과에서 서로 어떤 친구의 배려맨이었는지 발표합니다.

배려의 유익

첫째, 관찰력이 좋아집니다.
상대방이 어떤 상황에 처해 있는지, 필요한 것은 무엇인지를 살펴보면서 다른 사람 뿐만 아니라 주변 환경에 대한 세심한 관찰력을 얻게 됩니다.

둘째, 자신감이 생깁니다.
다른 사람을 도울 수 있다는 자신감은 내적인 효능감을 강화시켜 줍니다. 다른 사람을 배려함으로써 내가 가지고 있는 좋은 점을 알게 되고, 그런 자신을 스스로 사랑하게 되면서 마음속으로 '난 무엇이든지 할 수 있다'는 자신감을 얻게 됩니다. 내가 어떻게 해야 할지 모르는 환경에 있을 때 불안하지만, 배려를 연습하면 어느 곳에서나 자신이 어떻게, 무엇을 해야 하는지 관찰하게 되므로 자신의 행동을 자신있게 선택할 수 있습니다. 이런 자신감 있는 모습이 다른 사람들에게는 지도자의 모습으로 보여지게 됩니다.

셋째, 좋은 친구가 많이 생깁니다.
다른 사람을 먼저 배려해 준다면 나 자신이 손해를 볼 것 같지만 그렇지 않습니다. 배려하는 사람 곁에는 자연스럽게 많은 사람들이 모이게 되며 그들을 옳은 길로 인도하는 지도자가 될 것입니다.

배려를 잘 하려면 어떻게 해야 할까요?

첫째, 모든 상황을 사랑과 관심을 갖고 잘 관찰하는 연습을 합니다.
둘째, 다른 사람의 입장에서 생각해 봅니다.
셋째, 다른 사람에게 필요한 것이 무엇인지 깊이 생각하여 결정합니다.
넷째, 구체적인 행동이나 말, 태도로 보살펴 줍니다.
다섯째, 배려의 법칙을 생각해 보고 실천합니다.

배려의 법칙

"_____내가 만약 ______라면 __________________해주면 ______하겠지?"

여섯째, 배려를 잘하기 위해 필요한 마음들을 키웁니다.
내 생각이 아니라 상대방의 필요와 요구를 기준으로 잘 보살펴 주는 것이 바로 진정한 배려입니다.
그러므로 배려를 잘하기 위해서는 다른 사람을 사랑하는 마음과 존중하는 마음, 다른 사람의 필요를 잘 관찰하는 것에서부터 시작할 수 있습니다.

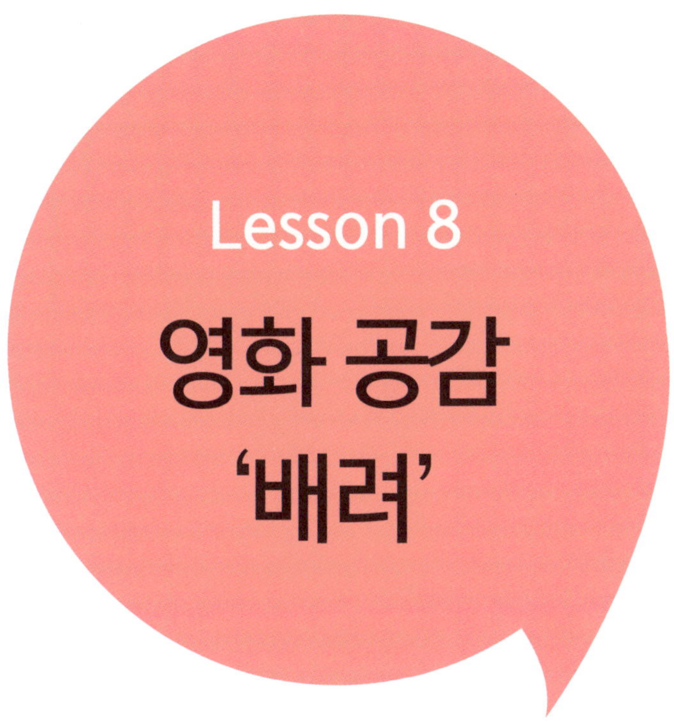

너그럽고 상냥한 태도, 그리고 사랑을 지닌 마음,
이것은 사람의 외모를 아름답게 하는
말할 수 없는 큰 힘인 것이다.
– 파스칼 –

감독: 피터 호튼 / 출연: 조셉 마젤로(덱스터), 브래드 렌프로(에릭)

왕성한 호기심을 지닌 에릭은 항상 혼자 노는 옆집의 덱스터가 궁금했습니다. 덱스터는 에이즈에 걸린 11살 소년입니다. 그는 말도 별로 없고, 친구도 없이 언제나 혼자서 놀고 있었습니다. 불치병에 걸린 옆집 소년에 대한 호기심 때문에 담장을 넘은 에릭은 덱스터와 어느덧 가장 친한 친구가 되었습니다. 이로 인해 에릭은 학교나 마을에서는 에이즈의 친구라는 놀림을 받게 됩니다. 그러나 에릭은 덱스터가 불치병에 걸렸지만 재미있고 어른스럽고 생각이 깊은 아이임을 알고 함께 지내는 것이 정말 즐거웠습니다. 언제나 덱스터의 병이 낫기를 바란 에릭은 책에서 본 밀림지대의 풀을 뜯어 먹으면 약이 될 줄 알고 덱스터에게 권합니다. 그러나 그 풀이 독초인 것으로 밝혀지면서, 덱스터가 죽을 고비를 넘기는 사건이 일어납니다. 그 후 에릭은 심하게 혼이 나고, 앓고 있는 덱스터가 걱정이 되었습니다.

어느 날 에릭은 뉴올리언즈의 어떤 의사가 덱스트의 병을 치료할 수 있는 약을 발견했다는 것을 듣게 됩니다. 에릭은 치료약을 구하기 위해 덱스터와 뉴올리언즈로 떠나기로 결심하고, 뗏목을 타고 뉴올리언즈를 향한 모험을 시작합니다. 아픈 덱스터에게는 아주 힘든 여정이었지만 덱스터는 에릭의 마음과 우정을 믿고 힘을 냅니다.

여행길에서 지친 덱스터가 '잠이 들면 우주 속으로 날아가 영원히 잠에서 못 깰것 같다'고 말하자 에릭이 자신의 농구화 한 짝을 주면서 덱스터에게 말합니다. "자는 동안 이걸(운동화) 꼭 붙잡고 있어. 만약 네가 잠에서 깼는데 무섭거든 이렇게 생각해봐. 잠깐! 난 에릭의 신발을 잡고 있어. 대체 왜 내가 냄새나는 지독한 농구화를 들고 있는 거지? 난 지구에 있는 게 틀림없어. 에릭은 바로 내 옆에 있을 거야."

하지만 덱스터의 병세는 악화되고 결국 집으로 돌아온 덱스터는 병원에 입원하게 됩니다. 그러나 병원에서도 덱스터는 죽은 척 한 뒤 의사와 간호사들을 놀리는 게임을 하면서 활기차고 즐거운 태도를 잃지 않습니다. 그러던 어느 날 장난이 아니라 진짜로 덱스터가 세상을 떠난 것을 알게 되고, 혼자 남은 에릭은 자신을 돌보아주고 보호해 주었던 사람은 자신이 아니라 아픈 덱스터였음을 깨닫고 슬퍼합니다. 장례식에서 에릭은 덱스터에게 운동화 한 짝을 쥐어주며 한 발은 신발을 신지 않은 채로 집으로 돌아옵니다.

불치병으로 고독하게 살고 있던 덱스터에게 친구가 되어준 것은 에릭의 배려하는 성품 때문이었습니다. 배려는 어려운 것이 아니라 친구가 되어주는 것이며, 친구가 어떻게 하면 더 행복하고 즐거워할 수 있을까 관찰하면서 마음을 알아주며 보살펴 주고, 함께 하는 것입니다.

Think Tank

1. 에릭과 덱스터가 친구가 된 계기는 무엇인가요?

2. 에릭이 덱스터에게 운동화를 주었던 이유는 무엇인가요?

3. 에릭과 덱스터는 서로 어떻게 배려했나요?

Real Action

1. 영화에 한 줄 댓글을 달아 주세요.
   ↳ re
   ↳ re
   ↳ re

2. 지난 주간에 활동한 'WOW 배려맨'을 서로 발표하고, 활동하면서 느낀 점을 나누어 보세요.

왜 배려의 성품이 중요한가요?

　1929년 하버드 윌리엄 하인리히(H.W.Heinrich)는 크고 작은 산업재해를 보며 사고들 사이에 어떤 상관관계가 있을 것이라고 가설을 세웠습니다. 5만 건의 사건, 사고를 분석한 결과, 큰 사고는 우연히 갑작스럽게 발생하는 것이 아니라 이전에 반드시 경미한 사고들이 반복된다는 사실을 실증적으로 밝혔습니다. 이를테면, 큰 재해 1건이 발생할 때, 이전에 동일한 원인에 의해 작은 재해가 29건 발생하고 재해로는 이어지지 않았지만 사고가 날 뻔한 경우가 300건 정도 있었다는 것입니다. 하인리히의 연구 결과는 큰 재해가 바로 사소한 사건들을 방치할 때 발생한다는 것을 증명해줍니다. 이것이 바로 '하인리히 법칙'입니다.

　이 법칙은 사람과의 관계에도 적용됩니다. 무심코 스쳐 지나듯 저지르는 행동들이 나중에는 서운한 감정과 걷잡을 수 없는 큰 상처로 발전하여 관계의 벽을 만들기도 합니다. 반대로 사소하게 베풀었던 작은 친절이 큰 행운으로 이어지기도 합니다. 배려를 통해 사전에 미세한 신호를 감지하고 방지해야 합니다. 또한 다른 사람의 작은 행동도 섬세하게 관찰하고 대응해 주는 훈련이 필요합니다. 이것이 바로 배려입니다.

　우리는 너무나 생각하지 않습니다. 생각 없이 무심코 내뱉은 말이 돌이킬 수 없는 관계를 만들기도 하고 생각 없이 행동한 것이 큰 오해를 부르는 것을 우리는 경험적으로 잘 알고 있습니다. 이러한 실례들이 모여 나의 인생이 되는데도 자신의 무심함에서 비롯된 것이라고는 생각하지 않고 다른 사람을 원망하는 데만 익숙합니다.

　좋은 성품은 좋은 생각, 좋은 감정, 좋은 행동을 선택하는 것입니다. 생각은 행동이 되고, 행동이 반복되면 버릇이 되고, 버릇은 습관이되어 결국 성품이 됩니다. 좋은 성품을 연습하는 것은 매우 중요합니다. 오늘 내가 보여주는 작은 배려는 상대방에게 큰 힘이 되어 기억됩니다.

　기쁜 마음으로 다른 사람을 배려하는 행동을 선택해 보세요. 나의 친절이 다른 사람에게 어떤 기쁨이 될지 생각해 보고 잘 관찰하여 보살펴주는 구체적인 행동을 하는 여러분은 배려의 리더가 될 것입니다.

배려실천노트

버릇을 만드는 시간은 21일,
습관을 만드는 시간은 60일이 필요합니다.
오늘부터 나와 다른 사람 그리고 환경을 변화시키는
배려를 실천해 보세요.

날짜   배려의 대상

오늘 실천한 배려

배려를 실천한 소감

내일 실천할 배려의 법칙

"내가 만약 ________________ 라면 ________________ 해주면 ________________ 하겠지?"

날짜   배려의 대상

오늘 실천한 배려

배려를 실천한 소감

내일 실천할 배려의 법칙

"내가 만약 ________________ 라면 ________________ 해주면 ________________ 하겠지?"

날짜   배려의 대상

오늘 실천한 배려

배려를 실천한 소감

내일 실천할 배려의 법칙

"내가 만약 ________________ 라면 ________________ 해주면 ________________ 하겠지?"

날짜   배려의 대상

오늘 실천한 배려

배려를 실천한 소감

내일 실천할 배려의 법칙

"내가 만약 _______________ 라면 _______________ 해주면 _______________ 하겠지?"

날짜   배려의 대상

오늘 실천한 배려

배려를 실천한 소감

내일 실천할 배려의 법칙

"내가 만약 _______________ 라면 _______________ 해주면 _______________ 하겠지?"

날짜   배려의 대상

오늘 실천한 배려

배려를 실천한 소감

내일 실천할 배려의 법칙

"내가 만약 _______________ 라면 _______________ 해주면 _______________ 하겠지?"

날짜   배려의 대상

오늘 실천한 배려

배려를 실천한 소감

내일 실천할 배려의 법칙

"내가 만약   라면   해주면   하겠지?"

날짜   배려의 대상

오늘 실천한 배려

배려를 실천한 소감

내일 실천할 배려의 법칙

"내가 만약   라면   해주면   하겠지?"

날짜   배려의 대상

오늘 실천한 배려

배려를 실천한 소감

내일 실천할 배려의 법칙

"내가 만약   라면   해주면   하겠지?"

날짜 .... 배려의 대상 ....

오늘 실천한 배려

배려를 실천한 소감

내일 실천할 배려의 법칙

"내가 만약 .... 라면 .... 해주면 .... 하겠지?"

날짜 .... 배려의 대상 ....

오늘 실천한 배려

배려를 실천한 소감

내일 실천할 배려의 법칙

"내가 만약 .... 라면 .... 해주면 .... 하겠지?"

날짜 .... 배려의 대상 ....

오늘 실천한 배려

배려를 실천한 소감

내일 실천할 배려의 법칙

"내가 만약 .... 라면 .... 해주면 .... 하겠지?"

13th Day

날짜   배려의 대상

오늘 실천한 배려

배려를 실천한 소감

내일 실천할 배려의 법칙

"내가 만약   라면   해주면   하겠지?"

14th Day

날짜   배려의 대상

오늘 실천한 배려

배려를 실천한 소감

내일 실천할 배려의 법칙

"내가 만약   라면   해주면   하겠지?"

15th Day

날짜   배려의 대상

오늘 실천한 배려

배려를 실천한 소감

내일 실천할 배려의 법칙

"내가 만약   라면   해주면   하겠지?"

날짜 .... 배려의 대상 ....

오늘 실천한 배려

배려를 실천한 소감

내일 실천할 배려의 법칙

"내가 만약 .... 라면 .... 해주면 .... 하겠지?"

날짜 .... 배려의 대상 ....

오늘 실천한 배려

배려를 실천한 소감

내일 실천할 배려의 법칙

"내가 만약 .... 라면 .... 해주면 .... 하겠지?"

날짜 .... 배려의 대상 ....

오늘 실천한 배려

배려를 실천한 소감

내일 실천할 배려의 법칙

"내가 만약 .... 라면 .... 해주면 .... 하겠지?"

날짜   배려의 대상

오늘 실천한 배려

배려를 실천한 소감

내일 실천할 배려의 법칙

"내가 만약   라면   해주면   하겠지?"

날짜   배려의 대상

오늘 실천한 배려

배려를 실천한 소감

내일 실천할 배려의 법칙

"내가 만약   라면   해주면   하겠지?"

날짜   배려의 대상

오늘 실천한 배려

배려를 실천한 소감

내일 실천할 배려의 법칙

"내가 만약   라면   해주면   하겠지?"

22nd Day

날짜 ....　　배려의 대상 ....

오늘 실천한 배려

배려를 실천한 소감

내일 실천할 배려의 법칙

"내가 만약 .... 라면 .... 해주면 .... 하겠지?"

23rd Day

날짜 ....　　배려의 대상 ....

오늘 실천한 배려

배려를 실천한 소감

내일 실천할 배려의 법칙

"내가 만약 .... 라면 .... 해주면 .... 하겠지?"

24th Day

날짜 ....　　배려의 대상 ....

오늘 실천한 배려

배려를 실천한 소감

내일 실천할 배려의 법칙

"내가 만약 .... 라면 .... 해주면 .... 하겠지?"

날짜   배려의 대상

오늘 실천한 배려

배려를 실천한 소감

내일 실천할 배려의 법칙

"내가 만약   라면   해주면   하겠지?"

날짜   배려의 대상

오늘 실천한 배려

배려를 실천한 소감

내일 실천할 배려의 법칙

"내가 만약   라면   해주면   하겠지?"

날짜   배려의 대상

오늘 실천한 배려

배려를 실천한 소감

내일 실천할 배려의 법칙

"내가 만약   라면   해주면   하겠지?"

날짜   배려의 대상

오늘 실천한 배려

배려를 실천한 소감

내일 실천할 배려의 법칙

"내가 만약   라면   해주면   하겠지?"

날짜   배려의 대상

오늘 실천한 배려

배려를 실천한 소감

내일 실천할 배려의 법칙

"내가 만약   라면   해주면   하겠지?"

날짜   배려의 대상

오늘 실천한 배려

배려를 실천한 소감

내일 실천할 배려의 법칙

"내가 만약   라면   해주면   하겠지?"

날짜   배려의 대상

오늘 실천한 배려

배려를 실천한 소감

내일 실천할 배려의 법칙

"내가 만약 ________ 라면 ________ 해주면 ________ 하겠지?"

날짜   배려의 대상

오늘 실천한 배려

배려를 실천한 소감

내일 실천할 배려의 법칙

"내가 만약 ________ 라면 ________ 해주면 ________ 하겠지?"

날짜   배려의 대상

오늘 실천한 배려

배려를 실천한 소감

내일 실천할 배려의 법칙

"내가 만약 ________ 라면 ________ 해주면 ________ 하겠지?"

날짜 ________________________________   배려의 대상 ________________________________

오늘 실천한 배려

배려를 실천한 소감

내일 실천할 배려의 법칙

"내가 만약 ________________ 라면 ________________ 해주면 ________________ 하겠지?"

날짜 ________________________________   배려의 대상 ________________________________

오늘 실천한 배려

배려를 실천한 소감

내일 실천할 배려의 법칙

"내가 만약 ________________ 라면 ________________ 해주면 ________________ 하겠지?"

날짜 ________________________________   배려의 대상 ________________________________

오늘 실천한 배려

배려를 실천한 소감

내일 실천할 배려의 법칙

"내가 만약 ________________ 라면 ________________ 해주면 ________________ 하겠지?"

날짜 ...... 배려의 대상 ......

오늘 실천한 배려

배려를 실천한 소감

내일 실천할 배려의 법칙

"내가 만약 ...... 라면 ...... 해주면 ...... 하겠지?"

날짜 ...... 배려의 대상 ......

오늘 실천한 배려

배려를 실천한 소감

내일 실천할 배려의 법칙

"내가 만약 ...... 라면 ...... 해주면 ...... 하겠지?"

날짜 ...... 배려의 대상 ......

오늘 실천한 배려

배려를 실천한 소감

내일 실천할 배려의 법칙

"내가 만약 ...... 라면 ...... 해주면 ...... 하겠지?"

날짜   배려의 대상

오늘 실천한 배려

배려를 실천한 소감

내일 실천할 배려의 법칙

"내가 만약   라면   해주면   하겠지?"

날짜   배려의 대상

오늘 실천한 배려

배려를 실천한 소감

내일 실천할 배려의 법칙

"내가 만약   라면   해주면   하겠지?"

날짜   배려의 대상

오늘 실천한 배려

배려를 실천한 소감

내일 실천할 배려의 법칙

"내가 만약   라면   해주면   하겠지?"

날짜 ....   배려의 대상 ....

오늘 실천한 배려

배려를 실천한 소감

내일 실천할 배려의 법칙

"내가 만약 .... 라면 .... 해주면 .... 하겠지?"

날짜 ....   배려의 대상 ....

오늘 실천한 배려

배려를 실천한 소감

내일 실천할 배려의 법칙

"내가 만약 .... 라면 .... 해주면 .... 하겠지?"

날짜 ....   배려의 대상 ....

오늘 실천한 배려

배려를 실천한 소감

내일 실천할 배려의 법칙

"내가 만약 .... 라면 .... 해주면 .... 하겠지?"

날짜   배려의 대상

오늘 실천한 배려

배려를 실천한 소감

내일 실천할 배려의 법칙

"내가 만약 _______________ 라면 _______________ 해주면 _______________ 하겠지?"

날짜   배려의 대상

오늘 실천한 배려

배려를 실천한 소감

내일 실천할 배려의 법칙

"내가 만약 _______________ 라면 _______________ 해주면 _______________ 하겠지?"

날짜   배려의 대상

오늘 실천한 배려

배려를 실천한 소감

내일 실천할 배려의 법칙

"내가 만약 _______________ 라면 _______________ 해주면 _______________ 하겠지?"

날짜 .... 배려의 대상 ....

오늘 실천한 배려

배려를 실천한 소감

내일 실천할 배려의 법칙

"내가 만약 .... 라면 .... 해주면 .... 하겠지?"

날짜 .... 배려의 대상 ....

오늘 실천한 배려

배려를 실천한 소감

내일 실천할 배려의 법칙

"내가 만약 .... 라면 .... 해주면 .... 하겠지?"

날짜 .... 배려의 대상 ....

오늘 실천한 배려

배려를 실천한 소감

내일 실천할 배려의 법칙

"내가 만약 .... 라면 .... 해주면 .... 하겠지?"

날짜

배려의 대상

오늘 실천한 배려

배려를 실천한 소감

내일 실천할 배려의 법칙

"내가 만약   라면   해주면   하겠지?"

날짜

배려의 대상

오늘 실천한 배려

배려를 실천한 소감

내일 실천할 배려의 법칙

"내가 만약   라면   해주면   하겠지?"

날짜

배려의 대상

오늘 실천한 배려

배려를 실천한 소감

내일 실천할 배려의 법칙

"내가 만약   라면   해주면   하겠지?"

날짜 .... 배려의 대상 ....

오늘 실천한 배려

배려를 실천한 소감

내일 실천할 배려의 법칙

"내가 만약 .... 라면 .... 해주면 .... 하겠지?"

날짜 .... 배려의 대상 ....

오늘 실천한 배려

배려를 실천한 소감

내일 실천할 배려의 법칙

"내가 만약 .... 라면 .... 해주면 .... 하겠지?"

날짜 .... 배려의 대상 ....

오늘 실천한 배려

배려를 실천한 소감

내일 실천할 배려의 법칙

"내가 만약 .... 라면 .... 해주면 .... 하겠지?"

날짜 .... 배려의 대상 ....

오늘 실천한 배려

배려를 실천한 소감

내일 실천할 배려의 법칙

"내가 만약 .... 라면 .... 해주면 .... 하겠지?"

날짜 .... 배려의 대상 ....

오늘 실천한 배려

배려를 실천한 소감

내일 실천할 배려의 법칙

"내가 만약 .... 라면 .... 해주면 .... 하겠지?"

날짜 .... 배려의 대상 ....

오늘 실천한 배려

배려를 실천한 소감

내일 실천할 배려의 법칙

"내가 만약 .... 라면 .... 해주면 .... 하겠지?"

참고문헌

『한국형 12성품교육론』 이영숙 (도서출판 좋은나무성품학교. 2011)
- 2014 문화체육관광부 우수학술도서(세종도서)

『인성을 가르치는 학교 만들기』 이영숙 (도서출판 좋은나무성품학교. 2013)
- 2014 서울특별시교육청 정독도서관 학부모 인성도서

『성품, 향기 되어 날다』 이영숙 (도서출판 좋은나무성품학교. 2012)
- 2014 서울특별시 교육청 정독도서관 학부모 인성도서

『성품양육바이블』 이영숙 (물푸레. 2010)
- 2014 교보문고 내일이 기대되는 좋은 책

『MBC와 함께 한 이영숙 박사의 인성솔루션-성품 ON』 이영숙
　(도서출판 좋은나무성품학교 2014)

『성품리더십워크북-배려』 이영숙 (도서출판 좋은나무성품학교. 2005)

『이제는 성품입니다』 이영숙 (도서출판 좋은나무성품학교. 2007)

『나를 찾아 떠나는 여행-성품』 이영숙 (두란노. 2007)

『성품 좋은 아이로 키우는 자녀훈계법』 이영숙 (두란노. 2008)

『성품 좋은 아이로 키우는 부모의 말 한마디』 이영숙 (예담프랜즈. 2009)

『이영숙 박사의 성품대화법』 이영숙 (도서출판 좋은나무성품학교. 2009)

『청소년 성품 리더십스쿨』 이영숙 (도서출판 좋은나무성품학교. 2009)

『창의로운 인성을 키우는 성품이야기-행복을 만드는 성품』 이영숙 (두란노. 2010)

『성품칼럼- 배려의 리더십』 이영숙 (2011)

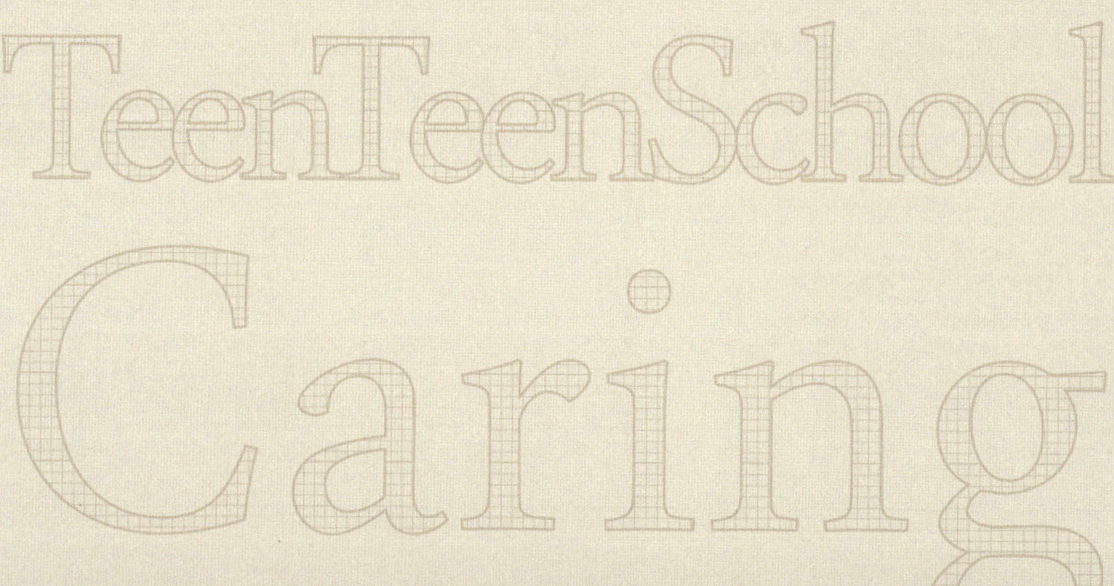